Inhalt

Ökologische Logistik - die grünen Lieferketten kommen

Kernthesen

Beitrag

Fallbeispiele

Weiterführende Literatur

Impressum

Ökologische Logistik - die grünen Lieferketten kommen

I.Zeilhofer-Ficker

Kernthesen

- Durch die Globalisierung hat das Gütertransportvolumen in 2007 Rekordhöhen erreicht.
- Der dadurch gestiegene CO_2-Ausstoß muss künftig aus Umweltschutz- und Kostengründen reduziert werden.
- Umweltschutzkriterien werden für die Vergabe von Logistikleistungen künftig ausschlaggebend sein.
- Jedes Unternehmen muss seine Liefer- und Wertschöpfungsketten auf nachteilige Umweltauswirkungen hin untersuchen und

anpassen.

Beitrag

Viele verbinden mit Logistik den Gedanken an stinkende Brummis auf verstopften Autobahnen und lärmende Frachtflugzeuge, die einem die Nachtruhe rauben. Einhergehend mit den im Jahr 2007 immer lauter werdenden Warnungen vor dem Klimawandel ist der Umweltgedanke aber auch in der Logistik angekommen. Grüne Lieferketten sind gefragt.

Steigender Gütertransport macht Umweltprobleme

2007 war das Jahr des Wirtschaftsaufschwungs, der Exporte in Rekordhöhe und des wachsenden Konsums. Viele Unternehmen exportieren ihre Produkte nicht nur in alle Länder der Welt sondern haben Schwellen- und Entwicklungsländer als günstige Rohstofflieferanten und Produktionsstätten in ihre Lieferketten eingebunden. Fast unbemerkt hat sich die Logistik so zur drittstärksten Branche in Deutschland entwickelt, die fast 190 Milliarden Euro Umsätze im Jahr erzielt und 2,6 Millionen

Beschäftigten Lohn und Brot bietet. (1)

Die Warentransportmenge auf Deutschlands Straßen, Schienen und Wasserwegen hat sich im Jahr 2007 weiter drastisch erhöht: 3,4 Milliarden Tonnen an Gütern wurden auf der Straße befördert (+ 5,5 Prozent zum Vorjahr), 358 Millionen Tonnen auf der Schiene (+ 3,5 Prozent) und 247 Millionen Tonnen auf Binnenschiffen (+1,5 Prozent). Auch die Seeschifffahrt konnte mit 311 Millionen Tonnen (+ 4 Prozent) eine Rekordmenge abwickeln und das Luftfrachtaufkommen wuchs um 5,4 Prozent auf 3,4 Millionen Tonnen. (2)

Für die Umwelt und das Klima sind das allerdings keine guten Neuigkeiten. Die Logistik ist für vierzehn Prozent des gesamten CO_2-Ausstoßes weltweit verantwortlich und das Feinstaubproblem in den Städten wird durch die vielen Transporte ebenfalls forciert. (1)

Umweltaspekte werden wichtiger

In einigen, vorwiegend britischen Handelsunternehmen ist der Gedanke der nachhaltigen Logistik bereits in der Firmenphilosophie fest verankert. Es werden produktbezogene Ökobilanzen erstellt, der CO2-Footprint errechnet und CO2-Neutralität angestrebt. Rund ein Viertel der CO2-Last eines Produktes ist auf die diversen Transporte zurückzuführen, die während seines Lebenszyklus durchläuft. Beschaffung in Fernost, Arbeitsteilung der einzelnen Produktionsschritte zwischen oft weit auseinander liegenden Standorten, kleinvolumige Just-in-Time-Lieferungen zur Bestandsoptimierung und vieles mehr haben zu dem erhöhten Transportaufkommen wesentlich beigetragen. Umweltgesichtspunkte spielten dabei bisher so gut wie keine Rolle. (3), (4), (9)

Doch ein Ignorieren des Klimaproblems kann künftig fatale Folgen haben. Schon 60 Prozent der Unternehmen rechnen damit, dass sie finanzielle Einbußen erleiden werden, wenn sie bis zum Jahr 2015 nicht auf eine umweltfreundliche Logistik umgestellt haben. Umweltaspekte werden künftig für die Auftragsvergabe wichtige Kriterien sein. Noch ist zwar eine Mehrheit nicht bereit, für eine umweltfreundliche Logistik höhere Kosten hinzunehmen, doch langfristig ist dies kaum zu vermeiden. Energiepreise werden auch in den kommenden Jahren weiter steigen und die Transporte verteuern. Investitionen in umweltfreundliche Technik muss bezahlt werden und auch politische Rahmenbedingungen und Vorschriften (Maut, Umweltzonen, Abgas-Normen usw.) machen die

Logistik nicht billiger. (5)

Lieferketten unter die Lupe nehmen

Jedes Unternehmen ist gefordert, seine Liefer- und Wertschöpfungsketten sowie alle Logistikprozesse genauestens unter die Lupe der Nachhaltigkeit zu nehmen. Durch oft kleine Änderungen der Abläufe können Transportwege gespart oder Distanzen verkürzt werden. Durch gezielte Bündelung von Transporten sowie optimierte Routenplanung können Transportmittel besser ausgelastet und Leerfahrten vermieden werden. Bei der Wahl des Transportmittels dürften Bahn und Schiff als umweltfreundliche Alternative zur Straße künftig vermehrt zum Zuge kommen. (6)

Alle Sektoren der Logistik von der Beschaffung bis zum Recycling werden künftig auf ihr Abschneiden bezüglich CO_2-Ausstoß hin überprüft werden müssen. Steigende Transportkosten lassen schon jetzt so manchen Unternehmer darüber nachdenken, ob er seine Produktion nicht wieder näher an den entsprechenden Markt legen sollte. Für die Standortplanung ist die Einbeziehung von Umweltaspekten sowieso schon Pflicht. Diese werden aber auch für die Ablaufplanung von Produktionsprozessen immer wichtiger. Die Frage, wo und wie viele Lager vorgehalten werden sollten, kann gleichfalls die CO2-Rechnung stark beeinflussen. Die Wahl der Verpackungsmaterialien mit einer eventuellen Nutzung eines Mehrwegsystems ist zu überlegen. Schließlich muss die Warenrücknahme sowie die Wiederverwendung bzw. Wiederverwertung logistisch geplant und umweltgerecht durchgeführt werden. (4), (6), (7), (14)

Was bereits getan werden kann

Branchenspezifische Logistikzentren sorgen bei optimalen Voraussetzungen für kurze Wege. Dienstleistungen wie Qualitätsprüfung, Montage, Konfektionierung können ohne aufwendige Transporte mit logistischen Diensten wie Kommissionierung, Lagerhaltung und Versand gekoppelt werden. Die meist ausgezeichnete Anbindung nicht nur an das Autobahn-, sondern auch an das Schienen- und Wasserstraßennetz erlaubt den umweltgerechten, kostengünstigen Transport ohne Zeitverlust. (8)

Die Bündelung von Transporten wurde schon genannt, ebenso wie die Optimierung der

Routenplanung und Vermeidung von Leerfahrten. Hierfür gibt es bereits ausgezeichnete Softwaretools, die eine Senkung der gefahrenen Kilometer bis zu vierzehn Prozent versprechen. Der Einsatz schadstoffarmer LKWs in Kombination mit Fahrertrainings für Sprit sparendes Fahren senkt Kosten und Umweltbelastung gleichermaßen. Hybrid-Motoren für Kleintransporter und LKWs sind in der Entwicklung und versprechen weitere Entlastung, sind aber auch nicht billig. Der Einsatz von Elektro- oder Erdgasfahrzeugen für innerbetriebliche Transporte ist ebenfalls eine Option. (1), (3), (4), (9)

All diese Maßnahmen sind nur kleine Schritte hin zur ökologischen Logistik. Weitere Ideen, Entwicklungen und Innovationen werden wohl notwendig sein, damit die Branche das Image als einer der schlimmsten Umweltverschmutzer verliert. Der ökologischen Logistik gehört die Zukunft.

Fallbeispiele

Die weltweit tätige Firma TNT Express, hat die Initiative Planet me gestartet, mit der sie zum ersten

Expressdienstleister mit ausgeglichener Kohlendioxid-Bilanz werden will. Umweltfreundliche Fahrzeuge werden angeschafft und die Routenplanung so optimiert, dass keine Leerfahrten mehr anfallen. Ab September 2008 soll ein Hybrid-Truck getestet werden, der 30 Prozent niedrigere Betriebskosten durch geringeren Dieselverbrauch erreichen soll. (13)

Der Logistikkonzern Fiege betreibt 30 Mega-Logistikzentren in Europa und Asien. Das Zentrum in Moorfleet ist beispielsweise auf Reifen spezialisiert. Dort werden nicht nur 20 000 Reifen pro Tag verschickt, sondern auch Kompletträder montiert, Qualitätsprüfungen durchgeführt und Spezialtransporte organisiert. (8)

Der britische Handelskonzern Marks & Spencers will seinen Schadstoffausstoß innerhalb von fünf Jahren um 80 Prozent reduzieren, der deutsche Versandhändler Otto will bis 2020 nur noch 50 Prozent Kohlendioxid im Vergleich zu 2006/2007 emittieren. Datenerhebungen und Analysen wurden schon gestartet. Der Schweizer Migros Konzern will allein in 2008 zehn Prozent seiner Transportkosten durch Transportoptimierung sparen. Die Reduzierung der Verteilzentren auf nur noch fünf insgesamt erlaubt eine umfangreiche Nutzung von Bahntransporten. (9), (14)

Weiterführende Literatur

(1) Logistiker entdecken Klimaschutz
aus Lebensmittel Zeitung 42 vom 19.10.2007 Seite 025

(2) LKW auf der Überholspur
aus Verkehrs Rundschau, Heft 04/2008, S. 16

(3) "Gründen wir den Club 30 Prozent"
aus DVZ, Nr. 142 vom 27.11.2007

(4) Otto zieht Klimabilanz
aus Lebensmittel Zeitung 48 vom 30.11.2007 Seite 020

(5) Logistik: Zwischen Kostenanstieg und Effizienzverbesserung Nachhaltigkeit als neuer Exportfaktor
aus Industrieanzeiger, Heft 48, 2007, S. 16

(6) Ökologistik Umweltorientierung in der Logistik
aus Industrie Management, Nr. 5, 2007, 15-18

(7) - OPTIMIERUNGS-TOOLS Die richtige Strategie
aus Elektronikpraxis Sonderheft Bauteilbeschaffung & Supply Chain Management vom 07.12.2007 Seite 52

(8) Mut zur echten Größe
aus DVZ, Nr. BLIM vom 06.10.2007

(9) Nachhaltige Logistik als Newcomer
aus Lebensmittel Zeitung 52 vom 28.12.2007 Seite 017

(10) "Die Schiffe sollen sich den Flüssen anpassen"

aus DVZ, Nr. 083 vom 12.07.2007

(11) Infrastruktur auf Platz eins
aus DVZ, Nr. 148 vom 11.12.2007

(12) Logistiker stellen Weichen für mehr Transporte mit geringerem Energiebedarf
aus VDI NR. 24 VOM 15.06.2007 SEITE 14

(13) Logistik-Know-how für Umwelt und Gesellschaft
aus MM Logistik Nr. 08 vom 09.11.2007 Seite 36

(14) Migros und Coop wollen grüne Logistik
aus Lebensmittel Zeitung 04 vom 25.01.2008 Seite 057

Impressum

Ökologische Logistik - die grünen Lieferketten kommen

Bibliografische Information der deutschen Nationalbibliothek

Die Deutsche Nationalbibliothek verzeichnet diese Publikation in der deutschen Nationalbibliografie; detaillierte bibliografische Daten sind im Internet über http://dnb.d-nb.de abrufbar.

ISBN: 978-3-7379-1079-8

© 2015 GBI-Genios Deutsche Wirtschaftsdatenbank GmbH, Freischützstraße 96, 81927 München, www.genios.de

Alle Rechte vorbehalten. Dieses Werk ist einschließlich aller seiner Teile – z.B. Texte, Tabellen und Grafiken - urheberrechtlich geschützt. Jede Verwertung außerhalb der Grenzen des Urheberrechtsgesetzes bedarf der vorherigen Zustimmung des Verlags. Dies gilt insbesondere auch für auszugsweise Nachdrucke, fotomechanische Vervielfältigungen (Fotokopie/Mikroskopie), Übersetzungen, Auswertungen durch Datenbanken oder ähnliche Einrichtungen und die Einspeicherung und Verarbeitung in elektronischen Systemen.